CE LIVRE APPARTIENT À:

Que pensez-vous de notre livre?

Nous vous serions très reconnaissants de laisser un commentaire.

Autres Livres De Coloriage:

Pour les autres livres de coloriage YD coloriage, recherchez simplement (YD Coloriage)

YD Coloriage

PAGE DE TEST DE COULEUR

PAGE DE TEST DE COULEUR

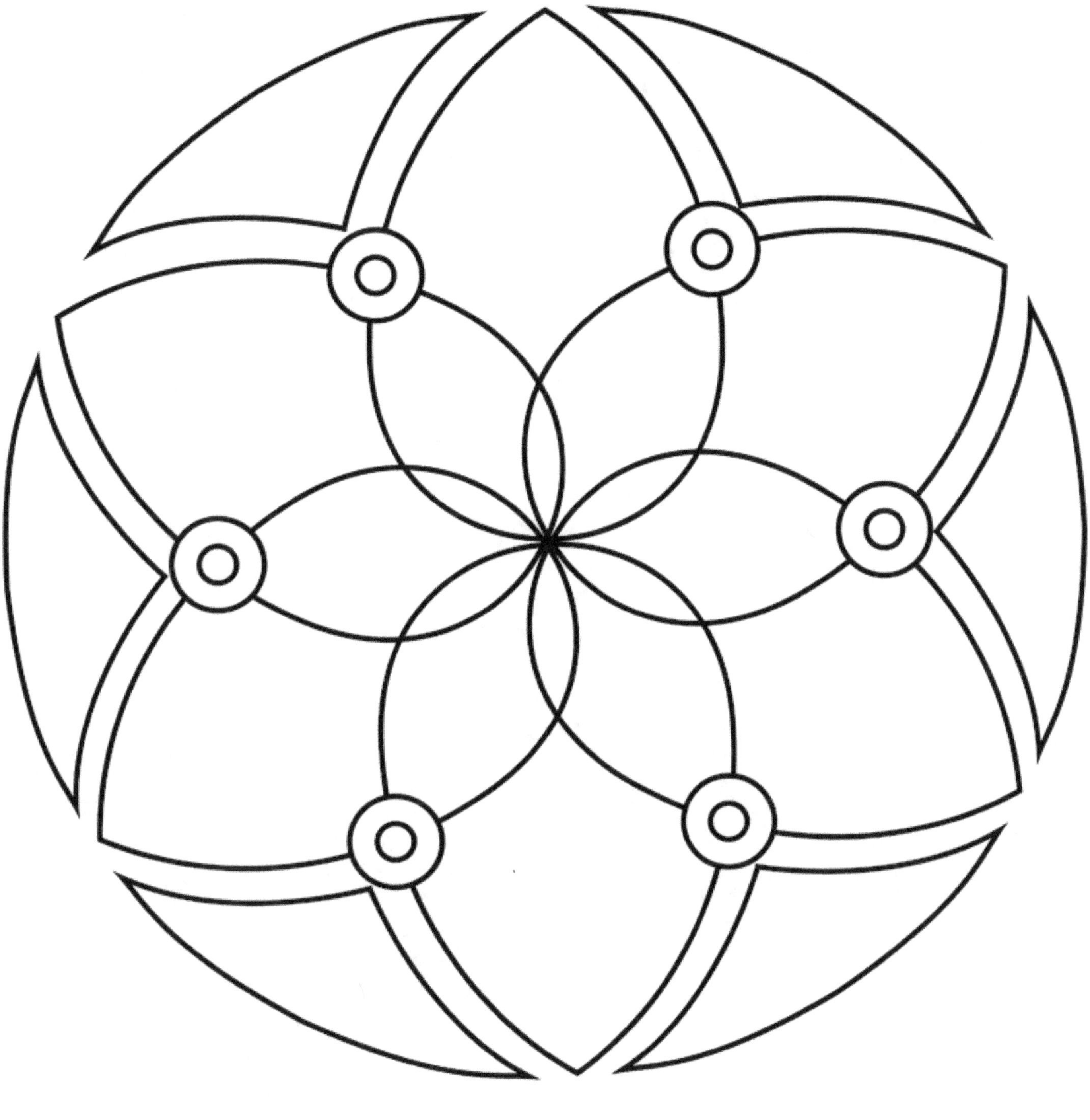

www.ingramcontent.com/pod-product-compliance
Lightning Source LLC
Chambersburg PA
CBHW081227130726
47997CB00009B/2798
* 9 7 9 8 5 9 5 0 9 7 2 9 1 *